DESCUBRE TÚ PROPÓSITO
Escrito por el **Coach: YLICH TARAZONA**

Fundamentos para Vivir una Vida Centrada en Principios y
Conectada con Nuestra Visión y Misión de Propósito
Escrito por el **Coach: YLICH TARAZONA**

SERIE: **Principios Básicos para Triunfar** y **Leyes Preliminares del Éxito -** Volumen **4** de **7**

Descubre Tu Propósito y Misión de Vida

Fundamentos para Vivir una Vida Centrada en Principios y Conectada con Nuestra Visión y Misión de Propósito

*Maravilloso Libro de **AUTOAYUDA** y **CRECIMIENTO PERSONAL** que te ayudará a* **RE-DESCUBRIR TÚ PROPÓSITO Y MISIÓN DE VIDA** *en un fantástico viaje de **Re-Descubrimiento Personal**, que te permitirá **Conectarte con tú Visión y Misión de Propósito** y **desarrollar el máximo de tu potencial humano al siguiente nivel, inspirándote a Vivir una Vida Centrada en Principios.** Y al mismo tiempo, aprenderás a:*

• **RE-DESCUBRIR** cuál es tu Verdadera **MISIÓN,** y el **PROPÓSITO** que le da **SENTIDO** a tú Vida.

• Permitir una óptima configuración de creencias empoderadoras, y potencializar tú capacidad de comprender tu **VISIÓN** y saber *QUÉ ES lo que te apasiona y lo que amas hacer*.

• Promover la flexibilidad del pensamiento táctico - estratégico y la comprensión de los procesos mentales y psicológicos que te permitan *conectarte con tú visión, misión y propósito de vida*.

• Contar con un **PLAN DE ACCIÓN, paso a paso.** Y un *proyecto de vida* claro y bien definido que te permita *Re-Descubrir tus dones, competencias, capacidades*, *aptitudes* y *talentos,* que te permitan ir posicionando tú marca personal o personal branding fundamentado en tu propósito de vida.

• Conocer y dominar los principios básicos de **REINGENIERÍA,** el **REDISEÑO** y la **REINVENCIÓN PERSONAL** que te permitan transformarte en la persona que quieres llegar a **SER,** cimentada en tú **VISIÓN** en tú **MISIÓN** y el **PROPÓSITO** que te inspire a comenzar a vivir una vida centrada en tus principios y valores.

7ª Edición Especial Revisada, Actualizada y Extendida (Incluye Ejercicios y Plan de Acción)

Coach Transformacional
YLICH TARAZONA
Escritor y Conferenciante Internacional

Escrito por el **Coach: YLICH TARAZONA**

Este compendio denominado "**Re-Descubriendo Tu Propósito y Misión De Vida,** *Fundamentos para Vivir una Vida Centrada en Principios y Conectada con Nuestra Visión y Misión de Propósito*". Aplicado a estrategias de - **Autoayuda, Motivación, Crecimiento Personal, Reingeniería de Procesos Humano, Rediseño Personal** y **Neuro - Coaching** para el establecimiento de metas y logros de objetivos a través de la "**PROGRAMACIÓN NEUROLINGÜÍSTICA**" es propiedad intelectual de YLICH TARAZONA®.

7ª Edición Especial Revisada y Actualizada por: YLICH TARAZONA enero 2017.
ISBN - 13: 978-1546901518 - ISBN - 10: 1546901515 / ASIN: B01NCKAAJ7
Diseño y Elaboración de Portada por: **Ylich Tarazona** SELLO: *Independently Published* ©.
Código de Registro: 1703171163138 / **LICENCIA:** *Todos los Derechos Reservados* ©
por *SafeCreative.org* / **Fecha Registro de Propiedad Intelectual:** *17-Marzo-2017.*

Si éste **LIBRO** le ha interesado y desea que lo mantengamos informado de nuestras próximas **publicaciones, ediciones, mini cursos, reportes especiales, video conferencias, webminars, seminarios online y offline, audiolibros, podcasters** entre otros *materiales didácticos diseñados* y *CREADOS POR EL AUTOR*; escríbanos, indicándonos cuáles son los temas de su interés y gustosamente le mantendremos actualizado.

También puede contactarse directamente con el **AUTOR** vía e-mail por:
Coach.ylichtarazona@gmail.com

Y SEGUIRNOS A TRAVÉS DE NUESTRAS WEBSITE´S OFICIALES
https://www.amazon.com/Ylich-Eduard-Tarazona-Gil/e/B01INP4SU6
http://www.reingenieriamentalconpnl.com/
http://www.coachylichtarazona.com/

DEDICATORIA

Dedicado especialmente para "**TI Amigo y Amiga**" lector…

Que tú libro "**Re-Descubriendo Tu Propósito y Misión De Vida,** *Fundamentos para Vivir una Vida Centrada en Principios y Conectada con Nuestra Visión y Misión de Propósito*". Te aporten las herramientas que requieres para comenzar a Re-Descubrir cuál es tu Verdadera **MISIÓN** y el **PROPÓSITO** que le da **SENTIDO** a tú Vida y que los principios y leyes universales del éxito recopilados en éste libro; te ayuden a generar la transformación que necesitas en todos los aspectos de tú existencia, proporcionándote el puente, el vehículo correcto y la inspiración a seguir en el *proceso de crear*, *labrar* y **CONSTRUIR TÚ PROPIO DESTINO**…

Y ésta; es mi intención, para TI…

Tu Gran Amigo *Ylich Tarazona*

Fundamentos para Vivir una Vida Centrada en Principios y
Conectada con Nuestra Visión y Misión de Propósito
Escrito por el **Coach: YLICH TARAZONA**

INTRODUCCIÓN

Información Relevante de la Presente Edición.

Hola que tal, mis queridos y apreciados lectores. Antes que todo, gracias por adquirir éste extraordinario libro, que escribí pensando en ti.

Antes de comenzar, quiero comunicarte de algunos cambios esenciales que he realizado en ésta **7ª Edición Especial**. Si posees algunas de mis versiones anteriores; comprobaras que he llevado a cabo algunas revisiones y actualizaciones en las últimas ediciones, ya que me parecieron necesarias para lograr cumplir el propósito por el cual escribí este libro para ti. Entre los cambios que he realizado, he incorporado una serie de ejemplos y ejercicios prácticos relacionados con la lección de algunos de los capítulos más relevantes. *En los pocos casos en los que edite el texto o cambie parte del contenido, han sido para adaptarlas mejor a los ejemplos y ejercicios incorporados recientemente en la presente obra.*

Estas modificaciones son casi imperceptibles en la mayoría de los casos, ya que ante todo he querido respetar el manuscrito original y la idea principal del presente libro con sus defectos y virtudes. *Por lo que en las pocas ocasiones en las que he incorporado ciertas ideas, he agregado algún punto adicional o he añadido algunos elementos es porque me ha parecido conveniente o necesario, y de vital importancia* para la **correcta aplicación de los principios de "REINVENCIÓN PERSONAL y REINGENIERÍA DE LOS PROCESOS HUMANOS en el Re-Descubrimiento de tu PROPÓSITO y Misión de Vida"** *contenida en esta* ***Edición Especial***.

Si has tenido la oportunidad de leer algunos de mis otros libros impresos o digitales, has podido apreciar que tanto el estilo literario de mis escritos; así como el estilo característico tipográfico que utilizo al momento de plasmar mis ideas, pretenden un único propósito. Ayudarte a desarrollar el máximo de tu potencial humano y comprender mejor los conceptos y definiciones que comparto con todos ustedes, con el fin de ayudarlos a interiorizar estos principios vitales a su propia vida.

Para lograr este objetivo; al final de algunos capítulos claves, comparto una gama de ejercicio que te permitan poner en práctica la esencia de lo que acabas de estudiar. De igual manera, también les ofrezco una serie de recapitulaciones o principios básicos para reflexionar que te ayudarán a reforzar lo aprendido.

De ésta manera, campeones y campeonas, al finalizar el libro ustedes podrán contar con estrategias, técnicas, herramientas y metodologías efectivas que han sido estudiadas y verificadas a través de los años por los grandes expertos en la materia. De igual forma, estos principios han sido puestos en práctica y en acción una y otra vez por el AUTOR, tanto a nivel personal, como en sus secciones de coaching y

Fundamentos para Vivir una Vida Centrada en Principios y
Conectada con Nuestra Visión y Misión de Propósito
Escrito por el **Coach: YLICH TARAZONA**

talleres magistrales tanto virtuales como presenciales con cientos de personas que han aplicado dichos principios eficazmente a su propia vida.

Dichos procedimientos han sido incorporados sistemáticamente en éste Libro a fin de garantizarte resultados óptimos por medio de **MODELOS efectivos de la PNL o Programación Neurolingüística Aplicada** que han sido comprobadas a través de los años. *Evitando así, la utilización de conjeturas o simples teorías.*

Por tal razón, mis apreciados lectores, voy a darte algunos consejos: Conéctate con la esencia de éste libro, **lee activamente, cada palabra, cada línea, cada párrafo, cada página, cada capítulo, cada enseñanza, cada ejemplo, cada historia, cada ejercicio, que con amor comparto con todos ustedes***, y verán cómo; poco a poco, paso a paso comenzarán a tener los excelentes resultados que requieren en todos y cada uno de los aspectos más esenciales de su vida.*

ESTILO LITERARIO Y TIPOGRÁFICO DE MIS OBRAS

Las enseñanzas que contienen mis **libros** en su gran mayoría están mezcladas y combinadas estratégicamente con poderosos **EJEMPLOS**, **HISTORIAS**, **METÁFORAS**, **PARÁBOLAS**, **ALEGORÍAS** y **FRASES CÉLEBRES** que he venido recopilando y compendiando en el transcurso de los años de diferentes fuentes; tales como, Libros y Obras de Diversos Autores *(a los cuales, les otorgó TODO el mérito y el reconocimiento que ellos merecen por sus valiosas aportaciones).*

*El objetivo de extraer tan **extraordinaria colección** de estos **grandes** y **RECONOCIDOS ESCRITORES** y **plasmarlas en mis obras** es; ayudarles a comprender mejor a mis lectores, la información que quiero transmitirles de manera subjetiva.* De ésta manera; a través del aprendizaje de representaciones simbólicas y figuradas, ustedes mis amigos y amigas puedan adquirir las ideas principales.

*Así; mis libros, por medio de sus **citas, frases célebres, pensamientos, reflexiones relatos y narraciones ilustrativas** pueda llegar a ser una fuente de inspiración para ayudar a todos aquellos individuos que con integro propósito de corazón quieran cambiar y transformar sus vidas de manera continua y permanente.*

Otras de las **METODOLOGÍAS** tipográficas que empleo al redactar mis trabajos; es que utilizo diferentes estilos literarios, introduciendo una variedad de *signos de puntuación,* **negritas***, cursivas,* <u>*subrayados,*</u> *combinaciones de minúsculas y MAYÚSCULAS, entre otras repeticiones consientes de ideas y enseñanzas transmitidas varias veces; pero en distintos contextos y situaciones, para grabarlas en su mente consciente y subconsciente.* Así como también en ocasiones *"**cambio estratégicamente la forma de escribir y expresar mis ideas intencionalmente**"* mientas transmito la información, con el fin de hacer la lectura más didáctica, versátil y placentera para mis lectores.

*Si esto llegase a parecer inadecuado o incorrecto en cierto momento para algunos de mis lectores, quiero anticiparles de antemano que no se trata en modo alguno de un descuido por mi parte, o desconocimiento de edición y transcripción de la obra. Al contrario, tiene un claro objetivo y persigue un fin concreto. **CONFÍA EN MÍ**. Tiene un **propósito para ti**, sigue leyendo y comprenderás a lo que me refiero.*

En otro orden de idea; es importante destacar que también incorpore en el transcurso del libro una gran variedad de *frases célebres*, *citas inspiradas de las escrituras*, *versículos bíblicos*, *conceptos filosóficos*, *descripciones*, *exposiciones*, *ejemplos*, *símiles* y *lenguaje figurado* en el transcurso de toda la obra. *Ya que éste tipo de expresiones, conceptos e ideas son capaces de estimular subjetivamente una gran variedad de **SENSACIONES MULTI-SENSORIALES** tanto a nivel **(Visual, Auditiva y Kinestésica)** que permiten evocar imágenes, sonidos, sensaciones y emociones, en la mente del lector.*

Fundamentos para Vivir una Vida Centrada en Principios y
Conectada con Nuestra Visión y Misión de Propósito
Escrito por el **Coach: YLICH TARAZONA**

Siguiendo ese mismo orden de idea; también incluyo, en todos mis trabajos una serie de **Declaraciones Positivas, Autoafirmaciones Empoderadoras**, basadas en el **META-MODELO estratégico de la PNL** a través de una serie de **COMANDOS HIPNÓTICOS** y **PATRONES PERSUASIVOS** que permitan al lector incorporar dichas *SUGESTIONES* en su mente consiente y subconsciente, produciéndoles cambios radicalmente positivos en su estructura mental y psicológica, **CREÁNDOLES nuevas conexiones neuronales más empoderadoras**.

Y finalmente entre otro de los recursos que utilizo son las expresiones personales como **TÚ** y **TI**, para referirme directamente a mis lectores, *con la única intención de que puedan sentirse identificados con mis palabras, y tengan la plena certeza y convicción de que todos mis libros lo escribo pensando en ellos.*

En las **Versiones Audibles**, como son en los casos de los *Audio-Libros, los **Podcasters**, los **Webminars** o los **Tele-Seminarios**, utilizo fondo musical instrumental junto a sonidos de la naturaleza, y en ciertas ocasiones ondas binaurales en diferentes frecuencias.* A fin de **inducir ciertos estados positivos en el cerebro**. Entre los muchos beneficios que ofrecen estas poderosas herramientas, es que *propician **el aprendizaje, la concentración, la adecuada asimilación de las ideas, la relajación, la agilidad mental** entre otras muchas ventajas.* Como se han demostrado en los numerosos estudios realizados sobre el tema. Entre ellos la tesis doctoral de <u>Pedro Miguel González Velasco Doctor en Neurociencia de la</u> <u>UNIVERSIDAD COMPLUTENSE DE MADRID FACULTAD DE PSICOLOGÍA</u>, *las cuales nos reportan los excelentes y maravillosos efectos positivos de estos sonidos, tanto a nivel psicológico como fisiológico.*

El PROPÓSITO de introducir ésta GAMA DE ESTILOS LITERARIOS, TIPOGRÁFICOS; METAFÓRICOS y BINAURALES *(Este último, solo en los casos **Audible)**,* fusionado con un variado conjunto de **Técnicas de la PNL o PROGRAMACIÓN NEUROLINGÜÍSTICA APLICADA** y principios de **NEURO-COACHING** entre otras herramientas. *Es para permitirles a mis lectores recibir una Enseñanza Transformacional más útil, holística e integral, que les permita **ADOPTAR NUEVAS IDEAS**, evitando así, la menor resistencia al cambio, y **CREANDO un mayor impacto psíquico - emocional** en el proceso de **retención - aprendizaje**.*

******IMPORTANTE******

Ésta **EDICIÓN ESPECIAL** es una transcripción adaptada del **PODCASTERS, WEBINARS** y **TELE-SEMINARIO** del Coach Ylich Tarazona titulado "Re-Descubriendo Tu Propósito y Misión De Vida, *Fundamentos para Vivir una Vida Centrada en Principios y Conectada con Nuestra Visión y Misión de Propósito".* ® ©. Por tal razón; refleja un estilo único de un **Audio Curso** o **Video Conferencia**, más que de una obra literaria escrita como tal.

TABLA DE CONTENIDO

Fundamentos para Vivir una Vida Centrada en Principios y
Conectada con Nuestra Visión y Misión de Propósito
Escrito por el **Coach: YLICH TARAZONA**

CAPÍTULO I: RE-DESCUBRIENDO TÚ PROPÓSITO Y TÚ MISIÓN DE VIDA

PRIMERA PARTE: DESCUBRIENDO TÚ PROPÓSITO Y MISIÓN DE VIDA

Ha llegado el momento de *crear tú propia realización personal*, ha llegado la hora de *Re-Descubrir cuál es tú Verdadera Misión*. Es decir, ha llegado el tiempo de *encontrar el* **PROPÓSITO** *que le da SENTIDO a tú Vida*. *Aquella* **VISIÓN** *que te inspira a* **cumplir tus más anhelados SUEÑOS**, *METAS y OBJETIVOS con la más alta convicción, certeza y seguridad de que podrás lograr todo lo que te propongas.*

Tal vez; seas un joven estudiante, quizás un emprendedor o eventualmente un profesional que está desarrollando algún tipo de trabajo. Sea cual sea tú situación; posiblemente no estés del todo satisfecho con los resultados que has logrado consolidar hasta ahora en tu vida **o** *probablemente no sientas la felicidad que deberías estar sintiendo por lo que estás ejerciendo hasta el momento. Si es así; tranquilos campeones y campeonas, por eso decidí escribir éste* **LIBRO** *para todos ustedes, y enseñarles como* **Re-Descubrir su Misión y Propósito de Vida**.

La gran mayoría de las personas que participan en mis *Secciones Online* y *Offline, (Conferencias Presenciales o en mis Webminars Virtuales)*, tienen una pregunta en común *¿Qué es lo que deberían comenzar a hacer para lograr Re-Descubrir su Misión y Propósito de Vida?* Para comenzar a responder a ésta interesante incógnita; lo primero que tienes que tomar en consideración, es saber realmente **¿QUÉ ES LO QUE TE APASIONA HACER?**, *¿Cuál crees tú; que sea el propósito que te impulsa, te motiva y te mueve hacer lo que realmente amas hacer?, ¿Qué actividad, pasatiempo, hobby o labor; cuando la llevas a cabo con esa pasión que te inspira a realizarlo, hace que se te pase el tiempo, sin que ni siquiera te des cuenta de ellos?, ¿Si eligieras decidir una vocación para realizarla el resto de tú vida, cuál sería? ¿Qué es lo que quiere?, ¿Dónde está ahora? ¿Adónde quieres llegar?*

La forma de saber cuál es tú verdadera **MISIÓN DE PROPÓSITO** en la vida, es algo que no se puede describir solo con palabras. Pero hay ciertos indicios, ciertas señales claras, que, de alguna manera, identifican que vas por el *camino correcto a tú destino* ¿**PORQUE**?... *Por qué te producen una alegría en el alma extraordinaria, tú vibración energética cambia positivamente, sientes que el mundo que te rodea se complace con lo que haces, tus ojos brillan y de manera inexplicable sientes que todas tus emociones y sentimientos están alineados en sincronía perfecta en una especie de conexión, que va más allá del ego, mucho más allá del reconocimiento exterior, mucho más allá de la recompensa económica. Simplemente, te sientes feliz, por el hecho de que lo que estás haciendo te nace de lo más profundo del corazón.*

Fundamentos para Vivir una Vida Centrada en Principios y
Conectada con Nuestra Visión y Misión de Propósito
Escrito por el **Coach: YLICH TARAZONA**

En otro orden de ideas; para **Re-Descubrir Tú Propósito** y **Misión de Vida**, PRIMERO es necesario **descubrir tus verdaderas pasiones**, *es decir "aquellas cosas que AMAS hacer" y "aquellas competencias que SABES hacer"* conectadas con **tus valores** y tus más **nobles virtudes**. Cuando encuentras éstas dos cualidades y te enfocas en ellas; la vida llamémosla también destino, te llevará por el camino correcto para que camines en dirección a tus sueños. *Por aquellos **"DONES" que te hacen un ser único**, aquello que ofreces al mercado; por lo cual te van a pagar y que te permitirá generar un ingreso. Es decir, todos esos **"TALENTOS" natural que te hace SER diferente al resto**, y que el mundo al igual que el mercado necesita. A saber, esas **HABILIDADES** y **DESTREZAS** que te hacen **marcar la diferencia, dejar una huella en tú camino** por la vida y **transmitir un LEGADO a tus futuras generaciones**. Aquella **vocación** con que impactas en este mundo de manera favorable y positiva, y que a través de ese **LEGADO** proporcionas un valioso servicio a la humanidad.*

Cómo pudiste haberte dado cuenta; nuestra **MISIÓN** esta **interconectada sinérgicamente** en un **ENTRELACE** de **DIVERSAS ÁREAS** o **facetas de nuestra existencia**. Y cuando **comenzamos a relacionarlas una a otras en completa armonía holística**, empezamos a comprender **EL PROPÓSITO** que finalmente le da **SENTIDO** a nuestra **VIDA**...

*Entre algunas de esas diversas áreas y facetas podríamos destacar; Lo que **AMAS HACER**, lo que **SABES HACER**, lo que **OFRECES AL MERCADO** y por lo cual generas ingresos, el **LEGADO QUE DEJAS** y lo que el mundo necesita. Todo esto interconectado sinérgicamente con lo que **TÚ AMAS**, **TÚ ERES**, **TÚ SIENTES**, y **TÚ IMPACTAS** en armonía con tu **PASIÓN**, **VISIÓN**, **VOCACIÓN** (profesión) y **TALENTOS** (Dones).*

"El ÉXITO no es un acontecimiento de un solo día, es un proceso que se repite toda la vida. Usted puede ser un ganador en su vida si se lo propone. YA QUE NACISTE Y ERES UN TRIUNFADOR desde el instante de la concepción...

Recuerda: Las personas exitosas realizan actividades que les permitan ganar de vez en cuando; porque saben que tanto el triunfo, la victoria, así como la conquista son hábitos que deberían desarrollarse constantemente en su estilo de vida...

*Las personas exitosas; asimismo tienen presente que, perdiendo también se gana. Porque saben que cada fracaso los acerca más a su propósito y que cada derrota los fortalece y les enseña lo que deben mejorar. En fin y al cabo; tanto los triunfos como las derrotas, son tan importantes para el éxito, que cuando aprendemos de ellas nos hacemos más fuertes y merecedores de vivir ese estilo y calidad de vida extraordinaria por la que tanto nos hemos esforzamos día tras día" -. **YLICH TARAZONA**. -*

Como hemos aprendido hasta ahora, para **RE-DESCUBRIR TÚ PROPÓSITO** y **MISIÓN DE VIDA**, lo SEGUNDO que hay que tener presente es un **PLAN DE ACCIÓN** o **PROYECTO DE VIDA**, que esté conectado con lo que **AMAS HACER**, con aquello que **SABES HACER** y que **OFRECES AL MERCADO**. Todo esto interconectado sinérgicamente con lo que **TÚ AMAS**, **TÚ ERES** y **TÚ SIENTES** en armonía holística e integral con tu **PASIÓN**, tu **VISIÓN** y el **PROPÓSITO que le da SENTIDO a tú Vida**. Cada uno de estos elementos deben estar incluidos en el **ESTABLECIMIENTO DE LAS METAS** que quieres lograr alcanzar a lo largo de tu vida. *Este plan de acción o proyecto de vida debe incluir otros elementos a parte de los que ya hemos nombrado. Que se representarían en una diversidad de **OBJETIVOS** en diferentes áreas como lo son: PROFESIONAL, FINANCIERA, ACADÉMICA, BIENESTAR, SALUD, ESPIRITUAL, FAMILIAR y PERSONAL que cuando **comenzamos a relacionarlas una a otras en completa armonía**, empezamos a vivir **EL PROPÓSITO** que le da **SENTIDO** a nuestra **VIDA**...*

Este **PLAN DE ACCIÓN** o **PROYECTO DE VIDA** incluye **metas** y **objetivos**, tanto a **corto, mediano como a largo plazo**. En este sentido, el plan de acción o proyecto de vida tiene que estar bien definido, y contar con las pautas a seguir paso a paso, y **contar con un sistema claro y concreto que nos permita tomar acción y hacer que las cosas sucedan**, y que al mismo tiempo nos permita encausar nuestras acciones y pensamientos hacia nuestro **PROPÓSITO** y **MISIÓN DE VIDA**.

*Claro está, que este **PLAN DE VIDA** estará sujeto a cambios cuando la ocasión sea necesaria. Es decir, que al crear el **PLAN DE ACCIÓN** o PROYECTO DE VIDA lo hacemos de una manera tal, que se mantenga flexible y que nos permita ir haciendo las debidas modificaciones a medida que el tiempo o la ocasión así lo requieran. Esto permite ir adaptándonos a las circunstancias, oportunidades o situaciones que se presente en el proceso de nuestro camino en la búsqueda del **PROPÓSITO** que finalmente le da **SENTIDO** a nuestra **VIDA**...*

Otra característica con las que debe contar un **PLAN DE ACCIÓN** o **PROYECTO DE VIDA**, es que debe estar conectado con los *"**DONES" que te hacen un ser único**. Es decir, todos esos "**TALENTOS" natural que te hace SER diferente al resto**. A saber, esas **HABILIDADES** y **DESTREZAS** que te hacen **marcar la diferencia**, dejar **una huella en tú camino** por la vida y **transmitir tu LEGADO**.*

Otra de las particularidades que debe tener un buen **PLAN DE ACCIÓN** o **PROYECTO DE VIDA**, es permitirnos ir evaluando regularmente los resultados, y proporcionarnos la oportunidad de ir analizando las respuestas obtenidas de manera periódica y permanente. A fin, de que nos permita ir advirtiendo el cumplimiento de nuestros objetivos centrados en el **PROPÓSITO** y **MISIÓN DE VIDA**. *Ya que, en el caso de que las acciones realizadas no nos rindan los frutos esperados, podamos hacer las modificaciones requeridas que nos proporcionen nuevos caminos. Pero manteniendo siempre nuestra misión de propósito.*

Fundamentos para Vivir una Vida Centrada en Principios y
Conectada con Nuestra Visión y Misión de Propósito
Escrito por el **Coach: YLICH TARAZONA**

MODELO PARA VIVIR UNA VIDA CENTRADA EN PRINCIPIOS, CONECTADA CON NUESTRA MISIÓN Y PROPÓSITO DE VIDA.

"Creo firmemente que dentro del interior de cada uno de nosotros existe una semilla de grandeza y reside una vasta reserva de potencialidades y competencias ilimitadas que habitualmente permanecen adormecidas; esperando ser descubiertas y desarrolladas, para florecer hacia nuestro mundo exterior. Cuando cada uno de nosotros despierte ese potencial individual, redescubramos cual es nuestra misión y el propósito que le da sentido a nuestra vida, abriremos el camino a un nuevo despertar consciente a lo que yo llamo **REINGENIERÍA y REINVENCIÓN PERSONAL**" -. *YLICH TARAZONA. -*

EL ÉXITO ES PARA AQUELLOS, QUE ESTAMOS DISPUESTOS A PAGAR EL PRECIO Y DISFRUTAR DEL CAMINO "El éxito es más que una condición, es un estado mental. El éxito es un camino; es el logro consecutivo de pequeñas metas, y es el resultado de llevar una vida con propósito. Y para que nuestros objetivos se lleven a cabo; debemos estar dispuestos a programar nuestra mente en dirección a nuestro destino, tomar acción, ejecutar el plan o proyecto de vida y hacer que las cosas sucedan. -. *YLICH TARAZONA. -*

Ejercicio Número 1º DESCUBRIENDO MIS PASIONES

Éste ejercicio Nº 1.- de *Reingeniería Cerebral y Programación Mental para el éxito*. Tiene como *objetivo*; comenzar a darle forma a tu **PLAN DE ACCIÓN** o **PROYECTO DE VIDA**, al tiempo que te permitirte tomar conciencia de **QUIEN QUIERES LLEGAR A SER** en conexión armónica con tus **PRINCIPIOS**, **VALORES** y tú más "**NOBLES VIRTUDES**" *para lograr ese propósito vamos a valernos de una serie de preguntas y declaraciones positivas orientadas a la acción que te permitan activar tú mente en dirección a tú* MISIÓN *y* PROPÓSITO DE VIDA.

1.- *¿QUÉ ES LO QUE TE APASIONA y AMAS HACER* de todo corazón?

_____
_____
_____
_____

2.- *¿Cuál crees tú; que sea el **PROPÓSITO** que te impulsa, te motiva y te mueve hacer lo que realmente **AMAS** y te **APASIONA HACER**?*

_____
_____
_____
_____

3.- *¿Qué tarea, pasatiempo, hobby o labor; ¿cuándo la llevas a cabo con esa **PASIÓN** que te inspira a realizarlo, hace que se te pase el tiempo, sin que ni siquiera te des cuenta de ellos?*

_____
_____
_____

4.- *¿Si decidieras elegir una **VOCACIÓN** para realizarla el resto de tú vida, sin que ésta genere ningún tipo de ingreso económico a cambio, cuál actividad sería?*

_____
_____
_____
_____

5.- *¿Que **dones**, **talentos** o **habilidades** en la cual te destacas, activa tú creatividad y te permite realizarlo de la manera más efectiva posible?*

_____
_____
_____
_____

Escrito por el **Coach: YLICH TARAZONA**

SEGUNDA PARTE: DESCUBRIR TU MISIÓN Y PROPÓSITO DE VIDA, ES ESENCIAL PARA TU PROGRESO CONTINUO.

Como hemos aprendido hasta ahora, todos los seres humanos hemos llegado a este mundo con una **MISIÓN** y un **PROPÓSITO**. Y éste re-descubrimiento debe guiarnos en nuestra vida. Porque así, le daremos sentido a nuestra existencia humana en este estado transitorio.

Hay una frase en la conocida Novela de *Charles Lutwidge Dogson*, mejor conocido por su seudónimo **Lewis Carroll**, autor de **Las Aventuras de Alicia en el País de las Maravillas**, que contiene una gran enseñanza. En una parte del libro y una escena de la película extraordinariamente llena de una profunda filosofía, aprendemos una gran verdad. Hay un momento en la cual **Alicia** se encuentra con **El Gato de Cheshire** o "**El Gato Sonriente**" y le formula una interesante pregunta.

Dialogo entre Alicia y El Gato Sonriente

"¿Podrías decirme, por favor, qué camino debo seguir para salir de aquí?
-Esto depende en gran parte del sitio al que quieras llegar -dijo el Gato.

-No me importa mucho el sitio... -respondió Alicia.
-Entonces tampoco importa mucho el camino que tomes - declaró el Gato.

–... siempre que llegue a alguna parte -añadió Alicia como explicación.
– ¡Oh, siempre llegarás a alguna parte -aseguró el Gato- si caminas lo suficiente!"

---

*La moraleja de esta enseñanza es que si no sabemos a dónde vamos, cualquier camino que tomemos sería igual, ya que al no tener un rumbo establecido es imposible llegar a ninguna parte en especial. En las palabras del **escritor español Rafael Chirbes** lo expresa de la siguiente manera "si no sabes a dónde vas, cualquier camino es bueno"*

Como podemos apreciar campeones y campeonas, **saber hacia dónde vamos, es importante y esencial en nuestro camino a la excelencia personal**, tener un norte establecido nos permite caminar en la dirección correcta, saber hacia dónde vamos nos permite establecer la ruta y las coordenadas por la cual debemos dirigirnos y guiarnos para llegar a nuestro destino.

En otras palabras, tener claro nuestra misión de vida y saber cuál es el propósito que le da sentido a nuestra existencia, es lo que nos permite finalmente redescubrir porque estamos aquí y para que hemos nacido. **Recordemos que todos hemos nacido con un propósito, todos tenemos una misión.** *Y cuando la descubrimos y vamos en pos de ella, esto no solo le dará sentido a nuestra existencia, sino que abrirá un sinfín de probabilidades que nos llevaran directo a nuestro lugar de destino.*

El Dr. **Deepak Chopra** *médico, escritor, conferenciante y motivador, afirma que cada uno tiene un destino único.* **De todas las personas en el planeta, tu destino es sólo tuyo.** Cuando comprendamos que cada persona tiene un propósito de vida y una misión que cumplir, éste re-descubrimiento nos permitirá comprender el sentido de nuestra existencia mortal, y nos proporcionará la inspiración para emprender nuestra camino rumbo a conquistar nuestro destino.

> *Este "***Re-Descubrimiento***" nos invita a cumplir con nuestra misión y propósito de vida, y nos impulsa a seguir adelante a conquistar nuestro destino.* Recuerden que nosotros somos los **escritores de nuestra propia historia**, los **arquitectos de nuestra propia vida** y los **forjadores de nuestro propio éxito**, son nuestras elecciones y nuestras acciones las que nos acercaran o alejaran de nuestro destino.

Seguir nuestras paciones, nos convierten en las personas que estamos destinadas a llegar a SER. Y la clave para lograr nuestro destino es tener claras las siguientes preguntas: "*¿****Quién soy****?*" "*¿****Por qué estoy aquí****?*" "*¿****Hacia dónde quiero llegar****?*" "*¿****Qué quiero lograr en mi vida****?*". Llegar a conocer las respuestas a estas interrogantes, es lo que nos da sentido a nuestras vida, es lo que nos permite comprender nuestra misión en esta tierra, y comenzar a vivir una vida centrada en principios y enfocada en nuestro propósito. ***Este re-descubrimiento te provocará una sensación de seguridad y satisfacción que resultará clave en tu vida.***

Descubrir nuestra misión y nuestro verdadero propósito de vida nos brinda la oportunidad de alcanzar el máximo de nuestro potencial humano y cultivar un estado de conciencia plena en armonía con la fuente divina llamada DIOS. Obtener este conocimiento, y estar en equilibrio con las leyes universales del universo es fundamental, ya que nos dará la ocasión de llevar a cabo nuestro legítimo destino.

El escritor e ilustrador estadounidense **Brian Selznick** galardonador del premio Caldecott y autor de literatura infantil. En su libro **La invención de Hugo Cabaret** nos comparte un profundo mensaje *"si dejas de tener un propósito en la vida, es como si te rompieras"*

Extracto del Libro La invención de Hugo Cabaret, escrito por Brian Selznick - SEGUNDA PARTE, Capítulo 6

¿Te has dado cuenta de que todas las máquinas tienen su razón de ser? le dijo Hugo a Isabelle, recordando lo que había dicho su padre la primera vez que le había hablado del autómata. - Sus creadores las construyen para que la gente ría, como en el caso de este ratoncillo; para saber qué hora es, como sucede son los relojes; o para que todo el mundo se asombre viéndolas, como este autómata... Tal vez sea esa la razón de que las máquinas rotas resulten tan tristes: ya no pueden cumplir con el propósito para el que fueron creadas. Isabelle cogió el ratón, volvió a darle cuerda y lo dejó de nuevo en el mostrador.

— Puede que ocurra lo mismo con la gente —prosiguió Hugo—. ***Si dejas de tener un propósito en la vida es como... si te rompieras.***

Fundamentos para Vivir una Vida Centrada en Principios y
Conectada con Nuestra Visión y Misión de Propósito
Escrito por el **Coach: YLICH TARAZONA**

Continuando con la idea anterior. Establecer una plena armonía con la fuente divina llamada DIOS y entender quiénes somos y por qué razón fuimos creados, nos permite comprender nuestra misión y propósito de vida para la cuales hemos sido predestinados. **Y ese propósito es llegar a convertirnos en las personas que queremos y que podemos llegar a SER…**

Y para encontrar éste propósito que le da sentido a tu vida, no necesitas ir a buscarlo en ningún lado. Ya que se encuentra dentro de ti. *Solo debemos DESCUBRIRLO, exteriorizarlo al mundo y convertirlo en realidad.*

Sin embargo, es importante reconocer que hallar nuestro lugar en este mundo no es sencillo. Nos encontraremos día a día con decenas de obstáculos en el camino, que si no nos mantenemos firmes nos pueden desenfocar de nuestro destino. *Lo importante aquí campeones y campeonas, es desarrollar la resistencia con la que nos levantemos de cada golpe, aprender de nuestros errores y desaciertos, de nuestros triunfos y éxitos. Y continuar hacia adelante en el camino hacia nuestros sueños.*

Extracto de la película Rocky Balboa (Rocky VI) – *"Conversación entre Rocky y su Hijo"*

"Déjame decirte algo que ya sabes.
El mundo no es arcoíris y amaneceres.
En realidad puede ser un lugar malo y asqueroso.
Y muchas veces no le importa lo duro que seas, te golpeará y te pondrá de rodillas, y ahí te dejará si se lo permites.

Ni tú ni nadie golpeará tan fuerte como la vida.
Pero no importa lo fuerte que puedas golpear, lo importa es lo fuerte que puedan golpearte, y puedas seguir avanzando, lo mucho que puedas resistir, y seguir adelante.

¡Eso es lo que hacen los ganadores!
Ahora, si sabes lo que vales, ve y consigue lo que vales.

Pero debes ser capaz de recibir los golpes y no apuntar con el dedo y decir que eres lo que eres por culpa de ese o el otro.

¡Eso lo hacen los cobardes!
¡Y tú no eres un cobarde!
¡Tú eres mejor que eso!"

Rocky Balboa *(Rocky VI)* es una película escrita, dirigida y protagonizada por Sylvester Stallone.

TERCERA PARTE: COMO RE-DESCUBRIR TU MISIÓN Y ALINEARLA A TU PROPÓSITO DE VIDA.

Tu **PROPÓSITO** es lo que le da sentido a tu vida y Tu **MISIÓN** es Tú *¿Para Qué?*

*"El secreto de la existencia humana no sólo está en vivir, sino también en saber para qué se vive.".-**Fiódor Dostoyevski.-***

Encontrar tu **misión** y **propósito**, campeones y campeonas, como hemos aprendido hasta ahora, va muy ligado filosóficamente al sentido que le damos a la vida que vivimos, relacionándolo con preguntas como "*¿Quién soy?*" "*¿Qué hago aquí?*" "*¿Hacia dónde voy?*" y "*¿Para qué he venido a esta tierra?*".

Encontrar tu **misión** y **propósito** tiene que ver con el sentido que le quieras dar tú a tu vida, Es decir el significado que eso tiene para ti. *La pregunta clave seria: ¿Para Qué Re-Descubrir Mi MISIÓN y PROPÓSITO de VIDA? Cuando tienes un PARA QUÉ, todo va encajando como un puzle (rompecabezas) y todos tus pensamientos, emociones y acciones van direccionándose hacia tus más anhelados sueños, metas y objetivos.*

Nuestra **MISIÓN** es algo grande y transcendentalmente importante en nuestra vida. Por tal razón, debe estar alineada con nuestro **PROPÓSITO**, con nuestros *principios* y *valores*, con nuestra *esencia* y sobre todo con nuestra verdadera *autenticidad* de quienes somos y de los que podremos llegar a **SER**.

Cuando nuestra **misión** no está alineada con nuestro **propósito** parece que nada de lo que hacemos tiene sentido, ni nos llena completamente. Llegando a sentir en ocasiones insatisfacción y hasta frustración en algunos proyectos que nada tienen que ver con nosotros, ni con lo deseamos.

Puede ser que actualmente tengas un propósito ya definido, o tal vez ni siquiera te hayas dado cuenta de cual es. Posiblemente puede que lo estés buscando, y todavía no lo hayas encontrado. *Pero les aseguro campeones y campeonas, que cuando lo descubras, se activará en ti un poder ilimitado de probabilidades infinitas que despertara un mecanismo en tu mente y en tu cuerpo que te dará las fuerzas y la energía suficiente como para hacer todo aquello que tanto anhelas hacer,* y que de otro modo, quizá nunca lo hubieras intentado.

Cuando encuentras esa *vocación* o *pasión* que le da sentido a tu vida, tus *sueños*, *metas* y *objetivos* se entrelazarán para ayudarte a crear ese estilo y calidad de vida ideal que tanto deseas y que tanto anhelas. Vivir con pasión todo lo que hacemos, puedes convertir nuestra vida en algo más placentero. *¿Te imaginas trabajar en algo que te apasiona tanto, que es como si no trabajaras?*

Fundamentos para Vivir una Vida Centrada en Principios y
Conectada con Nuestra Visión y Misión de Propósito
Escrito por el **Coach: YLICH TARAZONA**

Un **PROPÓSITO** está relacionado con un compromiso interno muy personal con uno mismo, que nos inspira a ser mejor persona, nos motiva a ser un mejor profesional, y nos impulsa a tomar acción y hacer que las cosas sucedan. Tu **MISIÓN DE VIDA** puede ser, hacer aquello que tanto te gusta, como podría ser: *Ayudar a los demás, disfrutar de tiempo con tu familia, prestar servicio, transmitir un legado, marcar una diferencias y dejar una huella, en definitiva tener la vida que deseas. Pues es tu elección, tú lo decidiste, por voluntad propia.* Cuando consigues **alinear tu misión** con tu **propósito** tienes una vida más gratificante y puedes proyectar mejor tu visión de lo que quieres lograr alcanzar en todos los aspectos de tu vida. *Y finalmente cuando DESCUBRES TU PROPÓSITO Y MISIÓN tus sueños, metas y objetivos parecen más alcanzables.*

> *"El auténtico objetivo de la vida, es encontrar la verdadera felicidad. Y llegar hasta aquel lugar en el que deseamos estar, y en el que no estemos siempre intentando aterrizar en otro sitio". .-WAYNE DYER.-*

En resumen, podríamos generalizar sin mucho miedo a equivocarnos, que el **PROPÓSITO** más generalizado y global de la mayoría de las personas, es el de ser verdaderamente felices, encontrar esa felicidad que le da sentido a nuestra vida. Y **NUESTRA MISIÓN** más noble, sería la de poder de lograr hacer algo más grande al servicio y a favor de nuestro semejante. *¿A quién no le gustaría encontrar la felicidad? y ¿A quién no le gustaría servir al prójimo?*

Aunque muchos creen que nuestra **MISIÓN** y **PROPÓSITO DE VIDA** es un objetivo, te diré un gran secreto: Nuestra **MISIÓN** y **PROPÓSITO DE VIDA** es una actitud, es un estilo de vida. La necesidad básica de ser felices y el deseo de servir y ayudar a otros, muchos lo ven como un imposible porque no creen que se pueda alcanzar. Pero te puedo asegurar algo, que tanto ser felices, como servir y ayudar a otros, si se puede lograr.

Porque a medida que servimos y ayudamos a nuestros semejantes, en esa misma proporción nos sentiremos más felices y en conexión con esa fuerza divina, que es mucho mayor y más superior que nosotros. Porque cada vez que hacemos algo loable por alguna persona, DIOS, el universo, el cosmos, el destino, el karma o esa fuerza divina como quieras llamarlo trabajara a nuestro favor, y nos devolverá multiplicado todo aquello que con amor y desinteresadamente demos a los demás. Recuerda que: "Todo está en nuestra mente, todo está en nuestros pensamientos y acciones. Cuando decidimos dar el primer paso y hacer que las cosas sucedan. DIOS, La Fuente Divina, La Energía Universal y El Destino comenzaran a conspirar a nuestro favor proporcionándonos las circunstancias y los acontecimientos que estén en armonía con nuestro **PROPÓSITO** y **MISIÓN DE VIDA**, ya que las leyes son inquebrantables y actúan *cada vez que generamos una causa, produciendo un efecto, cada vez que creamos una acción producimos un resultado en el universo,* porque así está escrito... *Que todo lo que sembremos eso mismo segaremos".*

CUARTA PARTE: DESCUBRIENDO TUS COMPETENCIAS, CAPACIDADES Y TODAS AQUELLAS HABILIDADES QUE TE HACES SOBRESALIR.

Muchas veces pareciera que no reconociéramos nuestro **verdadero potencial**, y todos aquellos **dones** y **talentos** que hemos desarrollado de manera natural a través de los años. Una posible razón campeones y campeonas; por la cual no nos damos cuenta de todas aquellas **cosas que hacemos bien** y **de forma extraordinaria**, es porque lo hacemos tan naturalmente que pasamos por alto el hecho de que esas **habilidades** y **destrezas** son los **DONES** con que **DIOS** nos ha bendecido para vivirlos al servicio de nuestros semejantes y son los **TALENTOS** con que contamos para proveernos nuestro propio sustento y el de nuestra familia (**Esposas e Hijos**) – (**Padre y Madres**) – entre otros. *En muchas ocasiones las personas a tu alrededor comienzan a notar esas **cualidades** y **virtudes**, mientas que el mismo poseedor tal vez o no las reconozca o no le de los méritos que merece. Por eso, el siguiente ejercicio nos permitirá tomar conciencia de esas **capacidades** y **competencias**, ya que al reconocerlas nos permite orientarnos al momento de comenzar a re-diseñar nuestro **PLAN DE ACCIÓN** o **PROYECTO DE VIDA**.*

Para reflexionar en cuanto a éste punto y conectarlo con nuestra **misión** y **propósito de vida** te invito para que **PIENSES** (**recuerdes**) y **traigas a memoria algunos de los más grandes LOGROS** que hayas tenido en tú vida en los últimos 2, 3 o 5 años. **Pregúntate**… *¿Cuáles son mis **Mayores Logros**, que he **alcanzado en mi vida**?, ¿Cuáles son los **Sueños**, **Metas** y **Objetivos** que me he **propuesto alcanzar** y los he **lograr cumplir satisfactoriamente**? Algunos **EJEMPLOS** podrían ser*:

1) Haber culminado tus estudios universitarios o haber alcanzado un grado académico que con esfuerzo y sacrificio lograste consolidar.

2) Haber desarrollado o aprendido una nueva habilidad o destreza que te ha permitido bien sea generar económicamente un ingreso a través de una nueva profesión u oficio que aprendiste o quizás haberte dado la satisfacción de aprender un nuevo pasatiempo posiblemente seria tocar un instrumento, aprender un deporte o un nuevo talento artístico que disfrutas plenamente realizar como parte de tú vida.

3) Quizás haya sido haber logrado el sueño de viajar a algunos países del mundo y conocer nuevas culturas, o posiblemente aprender y dominar un nuevo idioma, o desarrollar una mejor habilidad social que te permitió hacer nuevos y mejores amigos en esos viajes o aventuras.

4) Tal vez tú mayor logro, fue haber logrado un gran CAMBIO positivo y favorable en tú vida, o tal vez haberte REDISEÑADO y logrado una REINGENIERÍA PERSONAL que ha sido parte de un nuevo comienzo en tú vida, quizás hallas aprendido adaptarte a los cambios, intuirlos con tiempo lo que te ha permitido mantenerte en movimiento constante y en pleno desarrollo, crecimiento en todos los aspectos fundamentales de tú vida diaria tanto en lo personal, profesional como espiritual.

Fundamentos para Vivir una Vida Centrada en Principios y
Conectada con Nuestra Visión y Misión de Propósito
Escrito por el **Coach: YLICH TARAZONA**

5) Posiblemente uno de tus mayores logros, haya sido por simple que pueda parecer, ser una excelente cocinera o un maravilloso chef, otra posibilidad puede ser que tienes una excelente creatividad que te ha permitido ser decoradora de interiores bien sea en tu propia casa o en diversos hogares y oficinas o tal vez eres un gran diseñador gráfico, artístico que te ha permitido crear cosas nuevas e innovadoras.

6) Otro de los MAS GRANDES LOGROS que muchas personas han desarrollado es el arte de la comunicación efectiva, el poder hablar en público, el don de persuadir e influir positivamente en otras personas, el talento natural de hacer nuevas relaciones sociales, personales y profesional que les ha permitido desarrollarse como excelentes oradores (as), vendedores (as), ejecutivos (as), emprendedores o emprendedoras de negocios de multinivel o redes de mercadeo, tal vez sean líderes de influencia en sus respectivas comunidades, en su iglesia, en su parroquia, en sus trabajos y en sus actividades diarias en diferentes campos.

*7) Y finalmente para terminar con la idea de éste punto, uno de tus MAYORES LOGROS, tal vez haya sido o sea que contribuyes a la sociedad, eres una persona que presta servicios humanitarios, que hace voluntariado en lugares donde se necesitan personas con tu amor al prójimo para ayudar a cientos de personas que necesitan de tu apoyo, quizás eres una mujer u hombre presto para servir en cualquier oportunidad que se les presente de manera incondicional sin esperar nada a cambio, solo la satisfacción de saber que contribuyen a una mejor vida. Estoy seguro que son ustedes campeones y campeonas muchas de esas personas que están marcando una diferencia en la vida de otros, dejando un LEGADO a futuras generaciones y marcando una huella a cada paso que dan siendo un ejemplo a seguir para los demás... Les testifico que, aunque se den cuenta de ello o no. Gracias a todos ustedes están construyendo un mejor mundo, porque han comprendido lo importante que es **llevar una vida con propósito**, y tener **una misión clara de lo que quieren alcanzar en todos los aspectos de su vida**.*

Ok continuemos, después de haber leído y reflexionado los **ejemplos** anteriores, te invito a pensar en cuáles son los **recursos intelectuales** a saber tus **DONES** y **TALENTOS** que tú has puesto en práctica en tu propia vida personal y profesional. Cuales son aquellas **competencias** y **capacidades** que has venido utilizando para alcanzar tus **MAYORES LOGROS**. Tomando en cuenta los mismos ejemplos del apartado anterior, quiero que hagamos una serie de consideraciones que te permitan comprender mejor la **IDEA QUE QUIERO TRANSMITIRTE** y para ello utilizare una tabla donde desglosaremos los **7 ejemplos anteriores** de manera resumida; para que luego tú aprendas a aplicar los mismos principios a tú propia vida, según tus **habilidades** y **destrezas**.

DESCUBRIENDO TUS COMPETENCIAS, CAPACIDADES Y TODAS AQUELLAS HABILIDADES QUE HACES BIEN			
Ejemplo Numero	*Tus Mayores Logros*	*Tus DONES y TALENTOS Habilidades que Haces Bien*	*Los Recursos Interpersonales o Sociales que has Utilizado*
1)	Haber culminado tus estudios	Esfuerzo y sacrificio "Aprender con facilidad"	Informaciones y conocimientos relacionados a la carrera
2)	Haber aprendido una nueva 1- Habilidad laboral 2- Pasatiempo personal	1.- Experiencia en los negocios 2- Talento en los deportes	1- Comunicación, persuasión, influencia y liderazgo 2- Entrenamiento constante, disciplina y dedicación
3)	1- Viajar por el mundo 2- Aprender un nuevo idioma	1- Espíritu aventurero 2- Facilidad de aprendizaje	1- Buen trato con las personas y buenas habilidades sociales 2- Buena disposición para aprender, deseos y ganas
4)	1- Reingeniería humana y Rediseño personal 2- Adaptarte a un notable cambio inesperado	1- Deseo constante de superación y desarrollo personal 2- Intuición, capacidad de análisis y toma de decisiones	1- Visualizaciones, declaraciones de éxito y plan de acción 2- Tomar iniciativa, acción y hacer que las cosas sucedan
5)	1- Ser una excelente cocinera o un reconocido chef 2- Ser una creativa decoradora o un buen diseñador gráfico	1.- Gusto para la buena comida, la gastronomía y banquetes 2- Creatividad, ingenio, intuición, y sexto sentido	1- Conocimientos en gastronomía y artes culinarias 2- Capacidad para innovar, diseñar y crear
6)	1- Hablar en público 2- Comunicarme efectivamente 3- Influir en las Personas	1- Facilidad de expresión oral, verbal y corporal 2- Ser buen escucha y atento en las conversaciones 3- Liderazgo y Personalidad	1- Practica, experiencia, seguridad y confianza al hablar 2- Crear rapport, empatía, un ambiente confortable y ameno 3- Persuasión, carisma, actitud positiva y capacidad para dirigir y crear soluciones
7)	1- Contribuir a la sociedad 2- Prestar servicio humanitario 3- Brindar voluntariado	1- Ser un buen ciudadano 2- Ser servicial y atento 3- Amor al prójimo	1- Vivir una vida centrada en principios y valores 2- Tener la disposición para ayudar al más necesitado 3- Amor, valorar y respetar a las personas menos afortunadas

*Como podemos apreciar en la tabla superior, hemos realizado un pequeño ejercicio a modo de ejemplo para aprender como vincular **nuestros mayores logros**, con **nuestros dones y talentos** al tiempo que reconocemos **los recursos que hemos utilizado** para tal fin.*

Escrito por el **Coach: YLICH TARAZONA**

Ejercicio Número 2º DESCUBRIENDO TUS COMPETENCIAS, CAPACIDADES Y TODAS AQUELLAS HABILIDADES QUE HACES BIEN

Éste ejercicio Nº 2.- *Re-descubriendo tú **Misión** y **Propósito de Vida***. Tiene como **OBJETIVO**; permitirte tomar conciencia de cuáles son tus **DONES ÚNICOS**, **TALENTOS NATURALES** y todas aquellas *COMPETENCIAS, CAPACIDADES, HABILIDADES que haces muy bien*, permitiéndote hacerte destacar como un SER único, exclusivo y especial. Al mismo tiempo que en éste mismo ejercicio vamos a *unir, fusionar, relacionar y articular* tus **MAYORES LOGROS** con **LOS RECURSOS INTERPERSONALES** y los **RECURSOS SOCIALES** o cualquier **OTRO RECURSO** que hayas utilizado para lograr tus **METAS**.

DESCUBRIENDO TUS COMPETENCIAS, CAPACIDADES Y TODAS AQUELLAS HABILIDADES QUE HACES BIEN			
Ejemplo Numero	*Tus Mayores Logros*	*Tus DONES y TALENTOS Habilidades que Haces Bien*	*Los Recursos Interpersonales o Sociales que has Utilizado*
1)			
2)			
3)			
4)			
5)			
6)			
7)			

QUINTA PARTE: 6 PASOS PARA VIVIR UNA VIDA CENTRADA EN PRINCIPIOS CONECTADA CON TÚ MISIÓN Y PROPÓSITO DE VIDA.

Bueno campeones y campeonas, en ésta tercera parte del capítulo voy a enseñarte a *Descubrir cuál es Tú Misión de Propósito que le da sentido a tú vida*.

Que es el primer gran paso que debes cumplir para lograr cualquier objetivo que te propongas. Aquí voy a hacerte una concisa presentación de que se tratan los *6 PASOS PARA VIVIR UNA VIDA CENTRADA EN PRINCIPIOS, CONECTADA CON TÚ MISIÓN y PROPÓSITO DE VIDA*.

Para comenzar quiero hacerte tomar conciencia de que hay dos conceptos o principios que convergen aquí. *El Primero 6 PASOS PARA VIVIR UNA CENTRADA EN PRINCIPIOS y El Segundo CONECTÁNDOTE CON TÚ MISIÓN y PROPÓSITO DE VIDA. Como podrás haberte dado cuenta ya, los dos (2) principios trabajan en completa armonía el uno con el otro, es decir, que se complementan entre sí.*

Para propósito de éste libro; te los voy a enseñar de forma conjunta como parte de un todo integrado, "**en 6 simples pasos**"... *¿Bueno y de que se trata todo esto te preguntaras? ¿? ... Así que, para responderte, sin más preámbulos comencemos...*

1. **PRIMERO**: Comienza con "**YO SOY**" Declàralo. **Yo Soy** *Ylich Tarazona* Decreta y Proclama **TÚ NOMBRE** - "HAY UN PODER EN ESTO".

*DECLARAR TÚ NOMBRE acciona un poder en el universo, una manifestación en armonía infinita con la **fuente divina** y TÚ.*
Por ejemplo: Yo Soy _____ . -

Proclama TÚ NOMBRE con autoridad. Decreta QUIEN TÚ ERES en forma definitiva, clara y contundente esto te hará entrar en sintonía vibratoria con lo que quieres; pero sobre todo activará la ley de la atracción a tu favor, permitiendo atraer sobre ti, hechos, personas, circunstancia acontecimientos y todo lo que necesites que esté relacionado con TÚ PROPÓSITO y MISIÓN DE VIDA.

---

2. "**YO AMO**": Ahora describe lo que tú amas hacer en una frase, en una palabra, tal vez en una oración de 2 o 3 ideas conectadas directamente con lo que tú amas hacer en el servicio a otros...

Por ejemplo:
- *Yo Amo Trabajar en Equipo*
- *Yo Amo Enseñar a los Demás*
- *Yo Amo Prestar Servicio a mi Prójimo, Yo Amo trabajar con niños especiales, Yo Amo viajar por el mundo como guía turística.*

Fundamentos para Vivir una Vida Centrada en Principios y
Conectada con Nuestra Visión y Misión de Propósito
Escrito por el **Coach: YLICH TARAZONA**

La idea es plasmar una actividad que tú ames hacer, tal vez relacionado con tu trabajo, tu pasión, tu vocación, **tus más anhelados sueños, metas** y **objetivos**; ese acto muy profundo que está dentro de ti en armonía perfecta con **tú propósito** y **misión de vida**.

En otro orden de ideas; encuentra una palabra que describa **TÚ DON ÚNICO**, **TÚ TALENTO NATURAL**, aquello que haces y qué harías por el resto de toda tú vida haciéndote el hombre o la mujer más feliz del planeta. En otras palabras, encuentra una frase que *describa el PROPÓSITO que le dé sentido a tú MISIÓN DE VIDA...*

---

3. "**YO SOY UN**": Éste es tú **DON ÚNICO** o **TALENTO NATURAL** del que hablábamos en el punto número **2º**. *Esa **habilidad** o **destreza** que tienes desde niño o tal vez desarrollaste más adelante a medida que encontraste y **redescubriste cual era tú misión***, aquello que cuando tú lo haces te permite **SER** y **DAR** lo mejor de ti y le da **SENTIDO** a tú **PROPÓSITO DE VIDA**

Tienes que *"{(**DECRETAR QUIEN TÚ ERES**)}"*. *"DECLARARLO" al universo quien eres en relación a tú propósito, "**PROCLAMARLO**" a la fuente divida con poder y autoridad, proclamar en verbo presente **AQUÍ** y **AHORA** quien eres **TÚ** en **armonía** con tú **misión de vida**…*

Por ejemplo:
- *Yo Soy Un Emprendedor en Bienes y Raíces "Tu DON las Ventas"*
- *Yo Soy Un Empresario en Mercadeo en Red "Tu DON los Negocios"*
- *Yo Soy Un Abogado Especialista en Asuntos Penales "Tu DON la Oratoria y Persuasión" Yo Soy Un Actor Comediante "Tu DON Hacer Reír" Yo Soy Un Escritor de Música Contemporánea "Tu DON Componer"*

Lo importante es **DECLARAR**, **DECRETAR** y **PROCLAMAR QUIEN TÚ ERES**. *Creértelo, comenzar a **pensar**, **sentir** y **actuar** de acuerdo a tú afirmación. La clave está en saber que tienes **ALGO IMPORTANTE QUE DAR**,* algo que compartir con el mundo. Por eso es fundamental **conocer** y **descubrir** cuál es tú **MISIÓN** y el **PROPÓSITO** que le da **sentido a tú vida**… *"Pero lo más importante aún es saber cómo transmitir esa pasión al servicio de los demás".*

---

4. "**YO SIRVO A PERSONAS QUE**": Aquí debes conectar tú **DON ÚNICO** o **TU TALENTO NATURAL** con el servicio que prestas a los demás. Es decir, aquí debes relacionar el trabajo que realizas con lo que te permite ayudar y servir a otros.

Lo importante es mantenerte enfocado en Tú "**PROPÓSITO**" y "**MISIÓN DE VIDA**" mientras describes lo que haces en beneficio y en pro de otras personas. *Por ejemplo:*

● *Yo Sirvo a Personas Que desean construir la casa de sus sueños, y como **ARQUITECTO**, ayudo a las familias a construir su hogar.*

● *Yo Sirvo a Personas Que están en la búsqueda de una nueva profesión, y como **COACHSULTING** les asesoro para que escojan su nueva carrera de forma correcta.*

● *Yo Sirvo a Personas Que desean tener las mejores vacaciones de sus vidas, y como **ASESOR TURÍSTICO** les planifico y organizo todo para el viaje de sus sueños.*

En fin, lo importante es **DECLARAR**, **DECRETAR** y **PROCLAMAR** lo que haces de forma tal que te haga posicionar tú **MARCA PERSONAL** o **PERSONAL BRANDING** como *una **persona profesional**, **exitosa** y **triunfadora** que sabe lo que hace y sobre todo que ama lo que realiza.*

PASAJE INSPIRADO DE LAS ESCRITURAS *"Y he aquí, os digo estas cosas para aprendáis sabiduría; para que sepáis que **cuando os halláis al servicio de vuestro semejante, solo estas al servicio de vuestro Dios**" [EL LIBRO DE MORMÓN "MOSÍAH 2:17]*

*"Entonces los justos le responderán, diciendo: **Señor**, ¿cuándo te vimos hambriento y te sustentamos?, ¿o sediento y te dimos de beber?, ¿Y cuándo te vimos forastero y te recogimos?, ¿o desnudo y te cubrimos?, ¿O cuándo te vimos enfermo o en la cárcel, y fuimos a verte?, Y respondiendo el **Rey**, les dirá: **De cierto os digo que en cuanto lo hicisteis a uno de estos, mis hermanos más pequeños, a mí lo hicisteis".** - PASAJE BÍBLICO MATEO 25:40. –*

5. ESTAS PERSONAS DESEAN: Lo importante en éste punto es **conectar a las personas con tú propósito de vida**. Lo que tú amas hacer "**Yo Amo** Trabajar en el **Liderazgo** de **Equipos**"

Es decir, la idea fundamental en éste paso es: **Hacer parte a la gente que de una u otra manera se relaciona con lo que tú haces**, *"Yo Soy Un Líder y Mentor":* Este es tú *"Don único"* o *"Talento natural".*

En otras palabras, implicar de manera subjetiva a las personas a **TÚ MISIÓN** a la actividad que realizas *"Yo Sirvo a personas que"* al *trabajar en equipo* desean *consolidar un objetivo en común.*

Aquí debes conectar tú **DON ÚNICO** o tú **TALENTO NATURAL** con el servicio que prestas a los demás *"Y yo como **Líder** y **Mentor** los guio para que puedan lograr ese propósito de manera más eficaz.*

Fundamentos para Vivir una Vida Centrada en Principios y
Conectada con Nuestra Visión y Misión de Propósito
Escrito por el **Coach: YLICH TARAZONA**

Por ejemplo:

•**ESTAS PERSONAS DESEAN**: Alcanzar sus más grandes sueños como equipo de trabajo con un fin en común. *"Yo amo trabajar en la consolidación de equipos de alta efectividad, Y Como Líder, Sirvo a las personas a través de mis servicios de Mentoría".*

6. **YO IMPACTO A LOS QUE SIRVO CUANDO:** Aquí declaras de manera sencilla, pero de **FORMA INTELIGENTE**, como lo que tú haces impacta a las personas positivamente.

Por Ejemplo:

•**YO IMPACTO A LOS QUE SIRVO CUANDO**, *trabajando juntos como **Líder de Equipo** logramos alcanzar las grandes metas planificadas como organización.*

---

*Ok campeones y campeonas éstos ejemplos en muchas o pocas palabras son las **ideas principales que deseaba enseñarles** de **Éstos 2 últimos pasos; que como ya habrás notado, trabajan en conjunto en armonía** y **equilibrio perfecto uno con el otro** para reforzar los **primeros 4 principios**...* Mi invitación es que lo practiques, ponlo en tus propias palabras, aplícalo en tú situación en particular.

Ejercicio Número 3º "6 PASOS PARA VIVIR UNA VIDA CENTRADA EN PRINCIPIOS" y "CONECTADA CON TÚ MISIÓN Y PROPÓSITO DE VIDA"

Éste ejercicio Nº 3.- de *Reingeniería Cerebral y Programación Mental para el éxito*. Tiene como **OBJETIVO**; permitirte tomar conciencia de **QUIEN TÚ ERES** conocer cuáles son tus **DONES ÚNICOS** o tus "**TALENTOS NATURALES**" y saber qué es lo **QUE AMAS HACER**. Al mismo tiempo que te da la oportunidad de conectar **TÚ MISIÓN** y **PROPÓSITO DE VIDA** con el servicio que presta a los demás.

Completa el siguiente ejercicio y aplícalo a tú vida personal.

1.- Declara tú Nombre **YO SOY**: _____. -

2.- YO AMO *(Lo que tú AMAS y te APASIONA HACER)*

_____
_____
_____
_____

3.- YO SOY UN *(Tú DON Único "o" TALENTO Natural)*

_____
_____
_____
_____

4.- YO SIRVO A PERSONAS QUE *(El Servicio que Prestas a los Demás)*

_____
_____
_____
_____

5.- ESTAS PERSONAS DESEAN *(Lo que Tú Ofreces en el Servicio a Otros)*

_____
_____
_____
_____

6.- YO IMPACTO A LOS QUE SIRVO CUANDO *(El LEGADO que dejas)*

_____
_____
_____
_____

Escrito por el **Coach: YLICH TARAZONA**

SEXTA PARTE: POSICIONANDO TÚ PERSONAL BRANDING O MARCA PERSONAL CON TÚ MISIÓN Y PROPÓSITO DE VIDA

Bueno campeones y campeonas para reforzar el tema voy a compartir con ustedes otros *2 PRINCIPIOS* más, para que vayan *Posicionando su Marca Personal con su Misión y Propósito de Vida.*

Quiero que imagines esta situación: Cuando estamos en una reunión compartiendo con personas allegadas a nosotros, alguien viene y comienza una conversación contigo y de repente te pregunta...

¿Hey y tú qué haces? - *Muchas veces; lo más común, es que la respuesta que damos esté relacionada con nuestro trabajo principal, aquel que nos genera un ingreso. Pero ahora quiero enseñante para que aprendas a responder y* "**POSICIONAR TÚ MARCA PERSONAL**" *conectando la respuesta con tú* **MISIÓN** *y* **PROPÓSITO** *de vida.*

Y va algo así... *Por ejemplo:*

• **¿Oye y a qué te dedicas Tú?** "Aquí es cuando tú vas describir la situación que necesita de tú ayuda" y que te permitirá posicionar **TÚ MARCA PERSONAL** como un profesional en un área específica.

Sabes Cuándo: Un equipo de personas encargadas en preparar la comida para un evento; se junta para determinar cuál sería la receta ideal para esa actividad en concreto, y no logran coincidir que hacer para ese día.

Bueno lo que yo Amo Hacer es: Que como *Chef* y *Especialista* en *Gastronomía Internacional* me imagino el contexto del ambiente y al evaluar las diferentes opciones posibles que tenemos, luego de identificar las alternativas más idóneas para la situación unifico a ese equipo de personas encargadas de la comida para que juntos prepararemos un delicioso banquete que nos permita unificar nuestro talento para ese propósito.

---

*Esto es algo que puedes practicar, adaptándolo con tus propias palabras **SABES CUÁNDO** y aquí **describes la situación que** <u>**Describa Tú Talento**</u>*

La idea en éste ejercicio es utilizar un poco la *creatividad*, usar tu *ingenio*, pero el punto más importante aquí es la **SIMPLICIDAD**. Es decir, una **DECLARACIÓN SENCILLA,** pero de forma profesional.

Voy a compartirte otro ejemplo:

●**Imagínate en esta situación**: Que eres escritor de una serie de saga como CREPÚSCULO, HARRY POTTER o EL SEÑOR DE LOS ANILLOS, Si tú fueres un autor de este estilo de libros, y alguien te preguntará *¿Oye y cuéntame a que te dedicas?* En vez de responderle secamente escribo LIBROS DE CIENCIA FICCIÓN… y terminar la conversación.

Tú podrías crear un ambiente de contexto que sea favorable y despierte la *curiosidad* antes de dar la respuesta y así crearías el *interés* en torno a lo que "**HACES**" y a lo que "**TE DEDICAS**", esto permitiría *POSICIONARTE* como profesional y *Consolidar* tú **MARCA PERSONAL**.

Te comento *Sabes Cuando* la gente va de vacaciones le encanta sumergirse en la lectura de un buen libro que le ayude a olvidarse de todo su estrés y a través de la historia entrar en un mundo de fantasía donde ellos puedan ser los protagonistas.

Bueno lo que yo Amo Hacer es escribir libros de ciencia ficción que ayuden a la gente justo a eso, eliminar de su vida el estrés y dejar a un lado todos los problemas de la vida real y zambullirse en una historia de fantasía que realmente les pueda ayudar a descansar, mientras que al mismo tiempo les permita transportarse a ese mundo de ficción y vivir esas experiencias en sus pensamientos.

Esto es solo un ejemplo, pero - *El punto acá es; que tu estas describiendo y comentando tú DON al servicio de los demás*, y el objetivo aquí no es hablar por 10 minutos de ti mismo, sino solo *despertar el interés*, *la curiosidad* y *el deseo de saber más de ti*. Esa es la CLAVE

Que la persona que te está escuchando diga **Wuaooo**… *Cuéntame más de que escribes, de que son tus sagas o de que más tratan tus libros y así abrir una ilimitada fuente de oportunidades para ambos…*

Y aquí estarías abriendo las puertas a un mundo de oportunidades, posicionando tú **MARCA PERSONAL** y conectando a las personas con tú **DON ÚNICO** que es tu **TALENTE NATURAL** para el ejemplo anterior seria "{(**ESCRIBIR**)}" a la vez que fusionas lo que "**HACES**" "{(**PUBLICAR LIBROS**)}" con tú *Propósito* y *Misión de Vida*.

Un punto de vital importancia es que **TÚ MISIÓN DE VIDA** *sea en tiempo presente,* **AQUÍ** *y* **AHORA**. *Es decir, existe en el* **AHORA**, **AQUÍ** *en éste momento.*

Escrito por el **Coach: YLICH TARAZONA**

TÚ PROPÓSITO y **MISIÓN DE VIDA** *nunca debe ser un destino siempre tienen que ser un* **HECHO**... *Eso quiere decir que* "**EXISTA A CADA INSTANTE**" *en el* **SERVICIO A OTRAS PERSONAS**.

Bueno campeones y campeonas para terminar éste interesante capítulo, podríamos resumir que: **TÚ MISIÓN** *como lo estamos describiendo en éste ejercicio debe estar* **CENTRADO** *en tus* **DONES ÚNICOS** *y* **TALENTOS NATURALES**, *aquello que* **AMAS HACER** *que está en armonía con el* **SERVICIO QUE PRESTAS A TUS SEMEJANTES** *y que te permite* **IMPACTAR** *y dejar un* **LEGADO** *a la gente a través de lo* **QUE HACES** *conectado con* **TÚ PROPÓSITO DE VIDA**

PASAJE INSPIRADO DE LAS ESCRITURAS

"Y mirad que se hagan todas las cosas con prudencia y orden; porque no se exige que un hombre corra más aprisa de lo que sus fuerzas le permitan. Y, además, conviene que sea diligente, para que así gane el galardón; por tanto, todas las cosas deben hacerse en orden" **[EL LIBRO DE MORMÓN "MOSÍAH 4:27"]**

Ejercicio Número 4º POSICIONANDO LA MARCA PERSONAL CON TÚ MISIÓN Y PROPÓSITO DE VIDA

Éste ejercicio Nº 4.- de *Reingeniería Cerebral y Programación Mental para el éxito*. Es la continuación del ejerció anterior **Nº 3** que tiene como **OBJETIVO** ayudarte a complementar **TÚ MISIÓN** y **PROPÓSITO DE VIDA** con tú **MARCA PERSONAL.**

Creando una **DECLARACIÓN** que refleje **LO QUE HACES** "Sabes Cuándo" (*Una situación que necesita ayuda*) con **LO QUE OFRECES** "Bueno lo que YO AMO HACER es" (*Crear una historia de como tú aplicas tus DONES y TALENTOS con tú misión de propósito*)

Pregunta clave ¿**QUÉ HACES TÚ?**

SABES CUÁNDO (*Situación que te permite describir tú talento natural*)

_____
_____
_____
_____
_____
_____
_____
_____
_____
_____
_____

Bueno lo que YO AMO HACER es (*Síntesis de como aplicas tú propósito*)

_____
_____
_____
_____
_____
_____
_____
_____
_____
_____
_____

"Una de las más hermosas compensaciones de la vida consiste en que nadie puede intentar sinceramente servir y ayudar a otro, sin que primero deba servirse y ayudarse a sí mismo. Por qué en la misma medida con que comencemos a DAR a los demás, en esa misma medida seremos igualmente retribuidos" -. RALPH WALDO EMERSON. -

Fundamentos para Vivir una Vida Centrada en Principios y
Conectada con Nuestra Visión y Misión de Propósito
Escrito por el **Coach: YLICH TARAZONA**

SABES CUÁNDO (*Situación que te permite describir tú talento natural*)

_____
_____
_____
_____
_____
_____
_____
_____
_____
_____

Bueno lo que YO AMO HACER es (*Síntesis de como aplicas tú propósito*)

_____
_____
_____
_____
_____
_____
_____
_____
_____
_____

******************** _ ********************

SABES CUÁNDO (*Situación que te permite describir tú talento natural*)

_____
_____
_____
_____
_____
_____
_____
_____
_____
_____

Bueno lo que YO AMO HACER es (*Síntesis de como aplicas tú propósito*)

_____
_____
_____
_____
_____
_____
_____
_____
_____
_____

PALABRAS FINALES

Bueno campeones y campeonas "{(**FELICIDADES**)}", ya hemos llegado al *FINAL de éste maravilloso LIBRO en su EDICIÓN ESPECIAL* que con tanta dedicación escribí para ti. Fue un largo *proceso de formación* y *aprendizaje* que juntos **TÚ** y **YO** recorrimos en ésta jornada **HACIA TÚ ÉXITO** y **REALIZACIÓN PERSONAL**.

Éste libro lo cree y diseñe pensando en **TI**, de manera **SISTEMÁTICA** como un **MANUAL PRÁCTICO DE INSTRUCCIONES** paso a paso; con el objetivo de ir pasándote por un *proceso mental de formación continuo de aprendizaje*, a través de un "{(**PATRÓN DE ACCIÓN**)}" bien preparado y simplificado para brindarte resultados óptimos, efectivos y permanentes mediante las herramientas y metodologías de la **PROGRAMACIÓN NEUROLINGÜÍSTICA**.

Es Hora de Comenzar a Vivir
UNA VIDA MARAVILLOSA
Centrada en Principios

Recuerda: TOMAR ACCIÓN y
HACER QUE LAS COSAS SUCEDAN

Y pronto Tú y Yo nos veremos en la
CÚSPIDE DE LA EXCELENCIA

Tu Gran Amigo *Ylich Tarazona*

Fundamentos para Vivir una Vida Centrada en Principios y
Conectada con Nuestra Visión y Misión de Propósito
Escrito por el **Coach: YLICH TARAZONA**

SOBRE EL AUTOR

BACKGROUND PROFESIONAL:

Coach Transformacional **YLICH TARAZONA**: Reconocido **Escritor**, **Autor Best-Seller** de la serie **Principios Básicos para Triunfar** y **Leyes Preliminares del Éxito**, **Orador** y **Conferenciante Internacional** de **Alto Nivel**.

Experto en **PNL** o **PROGRAMACIÓN NEUROLINGÜÍSTICA**, **Reingeniería Cerebral**, **Programación Mental**, **Persuasión**, **Hipnosis Comunicacional** y **Neuro Coaching** en el **Establecimiento** de **METAS** y **Logros** de **OBJETIVOS**.

Considerado en los distintos medios de comunicación como uno de los **Emprendedores más Destacado** e **Influyente** dentro del campo de la **NEUROCIENCIA MOTIVACIONAL** y **LA EXCELENCIA PERSONAL**; *destinado a ejercer un LEGADO en la vida de cientos de personas, a través de su PASIÓN, ENTUSIASMO, DINAMISMO y LIDERAZGO CENTRADO EN PRINCIPIOS.*

Hombre de FE y Convicciones CRISTIANAS; centrado en Principios y Valores, Sacerdote (ELDER), miembro de La Iglesia de Jesucristo de los Santos de los Últimos Días.

Fundador de portal **REINGENIERÍA MENTAL para el Éxito ®- Comunidad Virtual para Emprendedores**. Uno de los **Website de Internet** dedicado a brindar **COACHING** en la **CONSOLIDACIÓN de Competencias** y el **Desarrollo del Máximo Potencial Humano**. *Especialistas en el Entrenamiento, Formación y Adiestramiento de alto nivel a través de la Programación Neurolingüística.*

Creador del **SISTEMA DE COACHING PERSONAL** en **REINGENIERÍA CEREBRAL** y **PROGRAMACIÓN MENTAL** para *Alcanzar Metas*, *Concretar Objetivos* y *Consolidar Resultados Eficaces de Óptimo Desempeño*; a través de una serie de **Audios**, **Podcasters**, **Tele-Seminarios Online**, **Talleres Audio-Visuales**, **Webminars** y **Conferencias Magistrales de Carácter Presencial**.

Co-Creador y Re-Diseñador del "**MODELO de la PNL**" y la formula efectiva "{(**E - S.M.A.R.T - E.R**)}" *[Para el Establecimiento y Fijación de METAS, plan de acción y principios de planificación estratégicas para alcanzar y consolidar objetivos].*

Creador del **WEBMINARS** *audiovisual*, **TELE-SEMINARIO** *online* y **CONFERENCIA** *magistral* [**Re-Descubriendo Tú Propósito y Misión de Vida**].

Reconocido *"Autor de la Serie de LIBROS, Secuencias de EBOOK'S y CONFERENCIAS MAGISTRALES"* de [**REINGENIERÍA CEREBRAL** y **PROGRAMACIÓN MENTAL**]. Entre los más destacados tenemos "***Como Mejora tu***

Fundamentos para Vivir una Vida Centrada en Principios y
Conectada con Nuestra Visión y Misión de Propósito
Escrito por el **Coach: YLICH TARAZONA**

Autoestima", "Libérate del Auto-Sabotaje Interno", "Rediséñate y Reinventa tu Vida, Posiciona tú Marca personal o Personal Branding, Reingeniería de los Procesos del Pensamiento entre otros.

Autor **Best-Seller** de la serie [**LOS CICLOS MAESTROS DE LA DUPLICACIÓN Y LA MULTIPLICACIÓN EN EL NETWORKS MARKETING,** *Leyes y Principios Universales Para Desarrollar Tú Negocio Multinivel de Forma Profesional*].

*Creador del **SISTEMA INTEGRAL DE COACHING PERSONAL** a través de la **PNL** o* **PROGRAMACIÓN NEUROLINGÜÍSTICA** *para producir cambios positivos en los patrones del pensamiento y generar resultados eficaces de alto rendimiento y óptimo desempeño, tanto nivel individual como organizacional.* Dicho **SISTEMA DE ENTRENAMIENTO** *Offline* y *Online* han marcado las vidas de cientos de emprendedores de forma presencial y ha cambiado los paradigmas mentales de miles de personas a nivel mundial vía virtual. *Inspirando a quienes participan, escuchan, ven o leen sus enseñanzas; a vivir de forma extraordinaria centrada en principios.*

MISIÓN Y VISIÓN PERSONAL:

MI PROPÓSITO: Transmitir a todos mis lectores fe y la fortaleza de seguir adelante, siempre con confianza y optimismo pese a las adversidades. **GUIÁNDOLOS COMO SU MENTOR** y **COACH PERSONAL** a encontrar su misión de vida a través de una oportunidad real de crecimiento personal, que les ayude a aclarar sus ideas, establecer sus metas y elaborar un plan de acción bien definido, que les permita conquistar con éxito sus más anhelados sueños y objetivos. Permitiéndoles crear su propio futuro, escribiendo la historia de su propia vida y forjando su propio destino a través un ciclo continuo de tácticas y estrategias creadas para tal fin.

De igual manera, deseo ayudar a mis lectores, participantes y seguidores a cambiar los patrones negativos de pensamientos y las estructuras mentales limitadoras, enseñándoles a consolidar sus competencias y desarrollar el máximo de su potencial humano.

MI MISIÓN: *Llegar a ser un instrumento en las manos de* **DIOS**, que me permita impactar en las vidas de cientos, miles y millones de personas alrededor del mundo.

Dejar una huella que marque la diferencia en las vidas de las personas a quienes enseño y llevo mi mensaje. Así como también dejarles un legado que transcienda en el tiempo, y les permita evolucionar en todos los aspectos transcendentales e importantes de sus vidas, tanto en lo personal, profesional, espiritual, emocional y financieramente.

MI VISIÓN: Llevar a las personas esperanza y una oportunidad real de cambio, una opción que les permita transformar sus vidas para mejor, poder ayudarles a desarrollar esa semilla de grandeza que todos llevan dentro de su interior y motivarlos a consolidar, posicionar y expandir el máximo de su potencial humano, al siguiente nivel de éxito.

Y finalmente poder establecer una conexión y empatía con todos mis lectores, participantes y seguidores, que me permita ir escalando en la relación con cada uno de ellos, en la medida que sea posible. Al mismo tiempo, que les enseño a posicionarse y consolidarse en todos los aspectos de su vida de manera equilibrada...

Ayudándoles a interiorizar los principios correctos que les permitan reinventarse y crear una nueva y mejorada versión de sí mismos. Abriéndoles nuevos caminos, aperturandoles nuevas oportunidades de éxito, que les permita conducir su vida a reencontrarse a sí mismo en el camino a la transformación y la excelencia personal y retomar con mayor fuerza el rumbo hacia su éxito y excelencia profesional...

OTRAS PUBLICACIONES, EDICIONES ESPECIALES, MINI CURSOS, E-BOOK´S Y LIBROS CREADOS POR EL AUTOR

Hola que tal, mi gran amigo y amiga **LECTOR**, fue un placer haber compartido contigo este tiempo de lectura, espero hayas disfrutado al máximo de la información contenida en este libro que con tanto cariño prepare para ustedes.

Si deseas conocer algunas otras de mis obras en **_Kindle de Amazon_** y **_CreateSpace_** te invito a visitar los siguientes enlaces. Se despide tú gran amigo el Coach **YLICH TARAZONA**

1.- COMO MEJORAR TÚ AUTOESTIMA. *Aprende a Programar Tú Mente y Enfocar tus Pensamientos Para Conquistar todo lo que te Propones en la Vida.*
Kindle de Amazon https://www.amazon.com/dp/B01EQOZ8PC
Tapa Blanda CreateSpace https://www.createspace.com/6676002

2.- LIBÉRATE del AUTO-SABOTAJE. *Aprende a Fortalecer Tú Guerrero Interior, Liberarte del Auto-Sabotaje Interno, Controlar tus Emociones y Dirigir tus Pensamientos.*
Kindle de Amazon https://www.amazon.com/dp/B01ER1BDM6
Tapa Blanda CreateSpace https://www.createspace.com/6677080

3.- REDISÉÑATE Y REINVENTA TU VIDA. *El Arte de REDISEÑAR tú Vida, REINVENTARTE, INNOVAR, RENACER y Crear una Nueva y Mejorada Versión de ti Mismo.*
Kindle de Amazon https://www.amazon.com/dp/B01ERRNWEC
Tapa Blanda CreateSpace https://www.createspace.com/6680760

4.- REDESCUBRIENDO TÚ PROPÓSITO Y MISIÓN DE VIDA. *Fundamentos para Vivir una Vida Centrada en Principios y Conectada con Nuestra Visión y Misión de Propósito.*
Kindle de Amazon https://www.amazon.com/dp/B01ERTYTQ0
Tapa Blanda CreateSpace https://www.createspace.com/6685318

5.- POSICIONA TÚ MARCA PERSONAL. *Aprende como DESTACAR, CONSOLIDAR y POSICIONAR Tú PERSONAL BRANDING en un Mercado Competitivo a través del "Love Brand".*
Kindle de Amazon https://www.amazon.com/dp/B01ERVI7XE
Tapa Blanda CreateSpace https://www.createspace.com/6615804

6.- EL PODER DEL DE METAS. *Principios de Planificación Estratégica y Metodologías Científicamente Comprobadas para Alcanzar y Consolidar tus Sueños paso a paso.*
Kindle de Amazon https://www.amazon.com/dp/B01ES7Y146
Tapa Blanda CreateSpace https://www.createspace.com/6684686

7.- PROGRAMACIÓN NEUROLINGÜÍSTICA - PNL APLICADA. *El Arte Magistral de la Excelencia Personal, Metodologías Modernas y Técnicas Efectivas para Cambiar tu Vida.*
Kindle de Amazon https://www.amazon.com/dp/B01ESO91TY
Tapa Blanda CreateSpace https://www.createspace.com/6599554

Fundamentos para Vivir una Vida Centrada en Principios y
Conectada con Nuestra Visión y Misión de Propósito
Escrito por el **Coach: YLICH TARAZONA**

8.- EL PODER DE LAS METÁFORAS Y EL LENGUAJE FIGURADO. *Historias, Parábolas, Metáforas y Alegorías, Poderosas Herramientas de PNL y Persuasión en la Comunicación.*
Kindle de Amazon https://www.amazon.com/dp/B01ESBD7WY
Tapa Blanda CreateSpace https://www.createspace.com/6685297

9.- RE-INGENIERÍA CEREBRAL y REDISEÑO DE LOS PROCESOS DEL PENSAMIENTO. *El Poder de Re-Programar Nuestros Procesos Mentales y Generar una REINGENIERÍA y REDISEÑO PERSONAL.*
Kindle de Amazon https://www.amazon.com/dp/B01ETYTPGC
Tapa Blanda CreateSpace https://www.createspace.com/6685293

10.- COMO DESARROLLAR EXITOSAMENTE TÚ NEGOCIO MULTINIVEL DE FORMA PROFESIONAL. *Aprende a dominar los CICLOS MAESTROS de la DUPLICACIÓN y la MULTIPLICACIÓN en el NETWORK MARKETING o REDES DE MERCADEO.*
Kindle de Amazon https://www.amazon.com/dp/B01IZTHD0M
Tapa Blanda CreateSpace https://www.createspace.com/6614144

11.- CUADERNO DE PLANIFICACIÓN EMPRESARIAL EN REDES DE MERCADEO. *Guía de Complemento de Los Ciclos Maestros de la Duplicación y la Multiplicación en el Network Marketing Multinivel.*
Kindle de Amazon https://www.amazon.com/dp/B01J1JEVHI
Tapa Blanda CreateSpace https://www.createspace.com/6612779

12.- CONCEPTOS Y NOCIONES AVANZADAS SOBRE LA INDUSTRIA DEL NETWORK MARKETING. *Principios Universales Para Desarrollar Exitosamente TÚ NEGOCIO de REDES DE MERCADEO MULTINIVEL en Forma Profesional*
Kindle de Amazon https://www.amazon.com/dp/B01J3YGEXA
Tapa Blanda CreateSpace https://www.createspace.com/6619923

13.- NETWORK MARKETING o REDES DE MERCADEO. *La Gran Oportunidad de Negocio del Siglo XXI, Principios Universales Para Desarrollar Exitosamente TÚ PROYECTO MULTINIVEL DE FORMA PROFESIONAL.*
Kindle de Amazon https://www.amazon.com/dp/B01MCYRZOS
Tapa Blanda CreateSpace https://www.createspace.com/6669735

14-. PALABRAS INSPIRADORAS Y FRASES CÉLEBRES DE TODOS LOS TIEMPOS. *Colección con más 500 Pensamientos y Citas Auto - Motivadoras de los Líderes Más Grandes de la Historia*
Kindle de Amazon https://www.amazon.com/dp/B01J4MGSU0
Tapa Blanda CreateSpace https://www.createspace.com/6615169

15.- REINGENIERÍA CEREBRAL Y PROGRAMACIÓN MENTAL. *Un Salto Cuántico para la Evolución del SER - Como Re-Codificar Tú Estructura Mental y Psicológica y Programar Tus Pensamientos para Consolidar Objetivos Centrados en Tú Misión y Propósito de Vida.*

Kindle de Amazon https://www.amazon.com/dp/B01EQML2U4
Tapa Blanda CreateSpace https://tsw.createspace.com/6685305
Próximamente....

16.- EL ARTE DEL COACHING CON PNL. *Conocimientos, Habilidades, Técnicas, Practicas y Estrategias de Coaching para Lograr Objetivos y Alcanzar lo que te Propones en la Viva.*

Kindle de Amazon https://www.amazon.com/dp/B01N1N49V8
Tapa Blanda CreateSpace https://www.createspace.com/6762787
Próximamente....

17.- EL PODER DE LA PNL APLICADA A LA COMUNICACIÓN. *Patrones de Persuasión e Hipnosis Conversacional. El Arte de Persuadir, Cautivar e Influir Positivamente en los Demás*

Kindle de Amazon https://www.amazon.com/dp/B01MXT273E
Tapa Blanda CreateSpace https://www.createspace.com/6762851
Próximamente....

18.- LEYES Y PRINCIPIOS UNIVERSALES DEL ÉXITO. *Principios Bíblicos para Triunfar y Vivir en Abundancia Conforme a la Manera del Señor.*

Kindle de Amazon https://www.amazon.com/dp/B01MQQWLGT
Tapa Blanda CreateSpace https://www.createspace.com/6762826
Próximamente....

Para adquirir otras **OPCIONES DE PRESENTACIÓN** y adquirí los **LIBROS** en versiones **TAPA BLANDA ESTÁNDAR** o **PREMIUM**, **TAPA DURA PROFESIONAL CON** o **SIN SOLAPA**, **CON** o **SIN CONTRAPORTADA**, en diferentes calidad de impresiones *(Blanco y Negro, Full Color, Hoja Ahuesada Premium)* en **Tamaño Bolsillo**, **Impresión Americana** o **Espiral**... Puedes hacerlos a través mis otros **Portales OFICIALES**.

http://www.lulu.com/spotlight/Coach_YlichTarazona

http://www.autoreseditores.com/coach.ylich.tarazona

"Es necesario aprender lo que necesitamos, y no únicamente lo que queremos"
.- Pablo Coelho.-

*"Hay ciertas cosas que, para saberlas bien, no basta haberlas aprendido, sino haberlas practicado, hasta hacerlo parte de tu vida".- **Lucio Anneo Séneca.-***

El aprendizaje constante, la formación continua y el estudio permanente son las claves entre los que logramos el éxito, de aquellos que no lo logran.
*.- **Ylich Tarazona.-***

Fundamentos para Vivir una Vida Centrada en Principios y
Conectada con Nuestra Visión y Misión de Propósito
Escrito por el **Coach: YLICH TARAZONA**

PUBLICACIONES, EDICIONES, LIBROS, E-BOOK Y REPORTES ESPECIALES CREADOS POR EL AUTOR

OTRAS PUBLICACIONES, EDICIONES, LIBROS, E-BOOK Y REPORTES ESPECIALES CREADOS POR EL AUTOR

CONTINUACIÓN DE LA SERIE

Fundamentos para Vivir una Vida Centrada en Principios y
Conectada con Nuestra Visión y Misión de Propósito
Escrito por el **Coach: YLICH TARAZONA**
TALLERES, CONFERENCIAS, SEMINARIOS, MINI CURSOS CREADOS POR EL AUTOR

AUDIOLIBROS, PODCASTERS, WEBMINARS, Y VIDEOS CREADOS POR EL AUTOR

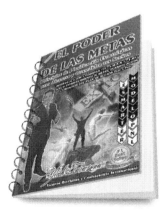

Escrito por el **Coach: YLICH TARAZONA**

SÍGUENOS A TRAVÉS DE TODAS NUESTRAS REDES SOCIALES (SOCIAL MEDIA Y WEBSITE OFICIAL)

Facebook, Twitter, YouTube, Google +, BlogSpot, Instagram, Pinterest, SlideShare, Speaker, LinkedIn, Skype y Gmail

https://www.amazon.com/Ylich-Eduard-Tarazona-Gil/e/B01INP4SU6

http://www.reingenieriamentalconpnl.com/

http://www.coachylichtarazona.com/

http://www.lulu.com/spotlight/Coach_YlichTarazona

http://www.autoreseditores.com/coach.ylich.tarazona

https://www.facebook.com/coachmaster.ylichtarazona

https://www.youtube.com/user/coachylichtarazona

https://plus.google.com/+ylichtarazona/posts

http://www.spreaker.com/user/ylich_tarazona

http://instagram.com/coach_ylich_tarazona/

https://www.pinterest.com/ylich_tarazona/

https://www.linkedin.com/in/ylichtarazona

http://es.slideshare.net/ylichtarazona

https://twitter.com/ylichtarazona

********** - **********

También puede contactarse directamente con el **AUTOR** vía e-mail por:
Coach.ylichtarazona@gmail.com

Skype: Coaching_Empresarial